JN411869

2025 운문시대 Vol. 21

화양연화

동학사

운문시대 21집을 내면서

어느 시인이 노래했다.
'살아 있다는 건, 참 아슬아슬하게 아름다운 일'이라고.
21집을 향한다. 지난 20년 동안 동인들은 매년 10편씩
미발표 신작을 세상에 내보냈다.
그들 중 얼마나 살아 있을까.
아슬아슬하게.

2025년 6월

〈운문시대〉 동인

차 례

신춘희

손상철

김병환

박미자

김종연

김종렬

곽종희
운문시대_21
신작시조

첫

바람을 키질하다 다 삭은 억새 숲에
햇볕 한 줌 내려앉아 낡은 등 토닥인다
연둣빛 기지개 소리
여기저기 움틀 때

허물 벗은 벌레처럼 아지랑이 시작된 날
마침내 햇살을 본 선사의 유적처럼
긴 어둠
견뎌낸 자리
휘파람이 지나고

훌쩍 야윈 도심 불빛 환절기 이겨낼까
삐걱대는 골목 상권 왁자하길 기대하며
반갑게 거는 입춘첩
입새마다 환하다

그리고,

미처 다, 하지 못한 말들을 나열한다
남은 게 더는 없다 손사래 쳐 단정한들
숨기려
숨기려 해도
숨길 수 없는 것들

그러나, 먼 여백 같다
미련처럼 더딘 여운
방점을 찍기에는 아쉬운 이야기가
기억의 모퉁이 돌아
우두커니
서 있다

꽃비

오래도록 뜨겁길 바라고 바랐지만

마주 보기 눈이 부셔 견주다 망설이다

내놓고 전하지 못해 후회로만 남은 사람

예순에

우리 걷던 뒤안길에 가을이 내려와도

활활 타던 그 설렘
불이 붙지 않아요

심쿵한 어제의 시간
이제 오지 않거든요

지나쳐 온 빈 의자엔 누군가 앉겠지요

쓰다만 메시지만
덩그러니 남은 즈음

비로소 알 것 같아요
긴 여백 속
짧은 시간

적막의 계절

한 번씩 가슴에서

파도 소리 들렸다

가끔은 달의 뒷면

발등 흠뻑 젖었다

불면은 웃자란 채로

송곳처럼 깨어나고

살다 보면

낡아 버린 기억들 서둘러 지워본다
일상에 체한 듯 숨이 턱턱 막히는 날
재어본 시간의 각도
예각으로 가파르고

눈 맵게 살아온 날 외풍으로 시린 손
축축이 젖은 땔감 연기를 피우듯이
뜨겁다 식어 버린 날
노을에 젖어간다

한 시절이 묵묵히 지쳐서 돌아온다
시퍼렇게 날이 서던 두통 잦은 날도 간다

남은 건,
자지러지던 물거품의 뼈대뿐

시인의 변辨

어금니 부서지게

고독이나 씹는다고

그리움의 불치병

치료가 될까마는

살아선 보내지 못할

네가 있어 시를 쓴다

걱정도 팔자

구월 자락 끝에서
봉숭아 물들인다

손톱 물
빠지기 전
첫눈 오면 어쩌지!

다 늦게
정분이 나면
인제 와서 어쩌라고

여시여시如是如是

누군가 길 떠나고 누군가는 돌아온다

바람 불고 비 오는 일
날 저물고 별 뜨는 일

사는 거
돌아보면 뭐 있나
연속극 같은 거지

머뭇거린 바람마저 홀연히 가 버리고

늑장 부린 시린 낮달
홀로 갈 그 길에서

갓 올린 봉분의 안부
예나 제나
묻고 있네

채석강에서

너는 거기
나는 여기
허락 없이 바라본 죄

어디에도 없는데
어디에나 있는 너

수 만겹
울음의 지층
허물수록 쌓인다

운문시대_21
신작시조

수박

풍선처럼 부푼 뙤약볕 날름대는 줄무늬

칼끝이 겨눈 변곡점

쩍! 실토할 때까지

도무지 알 수가 없다

파란 감옥 속

붉은 심장

달팽이

인큐베이터 안에서
아기가 꼼실대듯

은자처럼 살아가는
한 성자가 여기 있다

상춧잎
우주 속에서도
느림을 배우는 생

녹차의 배면背面

의미를 부여하고 싶지는 않았어

그냥 보이는 대로 느끼고 싶었지

감춰진 부드러움으로 입안을 헹구면서

에메랄드그린

– 당신

내려다보면 땅 위에
올려다보면 하늘 가까이

든든한 당신을
별처럼 우러러보게

언제나 그 자리에서
울타리로 서 있어요

저녁 황혼처럼
가슴을 적시는 말

소곤소곤 내 귀에
밀물로 스며들면

눈 내린 겨울밤에도
초록 꿈, 꾸겠죠

상북면 겨울

영남 알프스로 둘러싸인 마을 중심에
우뚝 솟은 아파트가 내가 사는 곳인데
겨울에 비가 내리면 먼 산은 설국이지요

요란한 바람에도 곤한 잠에 빠지면
겨울 동물처럼 너무너무 편안해요
저녁이 노을을 펴서 온기로 머물 때까지

부엌에서 바라보는 수필 같은 건넛마을
납작한 지붕들이 고향처럼 정겨워요
그 뒤로 구름을 따라 마실 나온 눈썹달도

도시를 떠나와서 축복처럼 누리는
소소한 이 여유가 과분한 사치일까요
아니면 시의 뒷맛 같은 뭉클한 행복일까요

주민등록등본

아버지의
자식일 땐
네 번째
서열이었다가

독립해
분가하면서
오롯이
혼자였다가

결혼해
포도처럼 달린
자식들의
어머니인 나

이모부

방사선 치료받는 폐암 4기 이모부
오늘 낼 한다는 이모의 전화 받고
오늘도 휴가를 내어 먼 길 달려간다

산소호흡기에 매달려 의식 없이 누워있는
벼랑 끝 노구의 앙상한 손을 잡고
수없이 되풀이하는 "이모부, 힘내세요"

그런데 이 무슨 신의 짓궂음인가
울산에 도착하자마자 받아 든 부고 소식

꽃상여 나가는 날에 전별의 봄비 통곡한다

여름 끝에서

한낮의 햇볕은 장글거리고 있는데

궁거랑 꽃담 길에 철 이른 낙엽이 분분

물속엔

백로 한 마리

선각線刻처럼

서 있다

이사

묵은 짐 정리했다 앙금도 털어냈다

빠르게 돌아가는 세상

반 박자 쉬어 가자고

방바닥 어지러운 옷가지

쉬엄쉬엄 개킨다

9월의 아침

쉿! 조용조용
우리 아가 눈 떠요

바람은 선선하고
공기는 맑아요

방금 핀 꽃무릇들이
미소를 보내네요

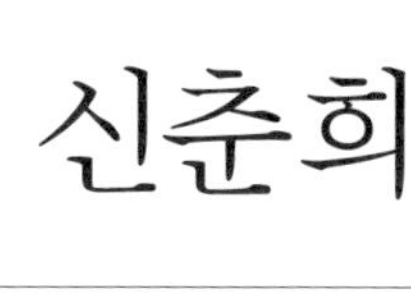

운문시대_21

신작시조

진심이니까

햇볕 따뜻한 날

문자로 온 그녀

우리 사이? 좋은 사이?

행복한 사이?

그래서 한 문장 전송했다

?를 펴줄래, !로

고비사막에서

난폭한 소나기처럼

별이 쏟아진다

소금같이 우박같이

후두둑 후두두둑

머리에 하얗게 박힌다

정신이, 쇄락하다

공부

가슴이 햇볕을 안거나

등이 그늘을 지거나

등이 햇볕을 지거나

가슴이 그늘을 안거나

영원히 소유할 수는 없다

잠시, 빌려 쓸 뿐

곡선

임진강 여울목

날개 접은 두루미 떼

잠을 자려고

외다리로 서서

머리를 날개 밑에 묻는다

포즈가 정물 같다

강물은 흐르면서 시 같은 다리마다

원형의 얼음 발찌를 지문처럼 채운다

으스스 겨울을 이끌고 밤을 건너는 여울물

K에게

마주 보며 싱긋 웃고

부둥켜안고 울었다

등 뒤에서 구부정

가슴을 포갰다

사랑은 묻는 것이 아니야

겪어 내는 것이지

시집

아주 몸이 힘들 때

그가, 건넸다

시간 내서 읽어봐

영혼의 노래집!

가끔은 문장 앞에서

울게, 될 거야

등

손톱 깎을 때

웅크린 노인의 등은

젊은이의 등보다

중년의 등보다

능선이 그믐달 같이 굽다

죽음이 업힌 듯해서

접경接境

바람의 빗자루가

천상을 쓸고 간 뒤

싸리 빗자루로

지상을 쓸자

해질녘, 고추잠자리 떴다

여름과 가을 사이

정방폭포에 와서

도끼로 장작 팰 때 쪼개지는 틈새로

벼락 치듯 꽂히는 수직의 물기둥

하얗게 사색이 돼서 포말로 흩어진다

정직하게 살아라

유연하게 살아라

곧은 소리 앞에서

나는 지금 숙연하다

뇌리에 박히는 전율

생사의 푸른 난타

울며 쓰는 에세이

사무치게 그립다, 고향에서 듣던 비

안개비, 이슬비, 보슬비, 가랑비 …

가슴에 댓잎을 치듯 후둑이던 장대비

풀죽은 채소처럼 우산도 없이

객지 골목을 추적추적 걷다가

대폿집 구석에 앉아 구겨지면서 운다

고양이 걸음으로 파리를 쫓거나

사자의 포효로 마을을 할퀴거나

생기를 수혈해주던 빗소리 듣고 싶어

손상철
운문시대_21
신작시조

지금은, 우울증

과다 복용한 도시가 가끔 나를 떠난다

다본 를나 이물눈 온나 을속잠 전 금방

못 갖춘 노래 마디가 미완의 나를 삼킨다

복사기에 걸린 얼굴이 자꾸 나를 본다

다이것 될기폐 제이 는서고보 의결미

후렴이 없는 사내가 다리 위를, 서성인다

절규*

울음을 외면한 길과 마지막 식사중이다

무한리필되는 나는 어떤 계절입니까

여기를 클릭하세요, 이제 어디로 가나

미수신 문자인 나는 매일 나를 지우고

시간을 참지 못한 두 귀가 잠시 웁니다

어디서 나를 만날까 두려운 나의 두 눈

* 노르웨이 화가 뭉크의 작품명

길고양이과 사내

발톱을 깎다가 본 늦은 봄 건넌다
지붕 위 빈 낮달의 얼굴을 가지고 놀다
반지하 눈먼 소녀의 머리맡에 숨겨 두고,

처마에 달린 자장가가 불안한, 저 구름들
전깃줄에 걸린 발들이 아직 탈수중이다
걸음을 둥글게 말수록 탈색되는 하루가,

무너진 담벼락 같은 퇴근길이 발에 걸려
낡은 마음에 쌓인 울음이 쏟아지고
어디서 밤새 울던 새가 사내의 꿈에 든다

화장

나는 저 여자의 거울의 저 여자다
안팎이 낯설지만 그것은 또 다른 나
이 새벽 나는 저 여자, 나에게로 가는 나

검색어에 지워진 어제의, 나는 그 여자
젖은 눈물에게로 버려진 물티슈처럼
후드득 나를 지우는, 나에게로 가는 나

가끔 나의 이름을 부르다 잠이 들면
조각난 하루를 안고 금이 가는 얼굴
거울은 속도를 올려 늙어가는, 저 여자

新모나리자

그녀의 연관검색어는 미소와 슬픔이었다
자신의 미소 안에 날개를 가둔 새처럼
슬프지 않을 것 같은 그림자의 저 길들

이유도 알 수 없이 계절은 비켜갔다
마지막 노을 밖에서 어쩔 줄 모르는 여자
눈이 먼, 까만 새떼들이 눈 속으로 사라지면,

달의 흑점 같은 미관측 잠에 들어
미완의 꿈을 비웠다가 다시 채우는 여자
그녀의 둥근 어깨가 잠시 길에 머문다

마지막 인사

스무살
봄날 한낮
짧게 깎은
무채색 머리

눈물과
검은 머리칼
꽃잎인양
지고 있다

어미와
어린 스님이
마지막
맞절 中

구두 한 마리

근 삼 년 먼 곳 돌아와 새가 부화를 한다
이미 몇 번 끊어진 끈이 전조였을까
전족의 길을 지우고 알을 깨는 두 날개

이름 모를 이를 위해 묵묵히 걸었던,
이승의 시린 발목은 이제 날 것이다
구두 속 새 한 마리가 혼불처럼 떠난다

소래포구

뒷축이 닳은 낮달이 대낮, 이미 취했다
사내는 밤새 젖었고 새벽, 비를 불렀다
돌아갈 방 하나 없는 농게의 빈 등처럼,

포구를 떠나지 못한 달이 그 곁에 있다
어깨가 기울수록 달은 등을 내주고
사내의 먼 물길 잡고 소금꽃처럼 울었다

폐선처럼 늙어가는 녹슨 길도 길이다
다시 길 나서자고 수인선에 오르면
며칠을 울던 달도 와 협궤처럼 나선다

한 장

누가 읽다가 버린 공사장에서 나온 사나이
뭇 발아래 짓밟히고 찢기는 늙은 얼굴
내리는 진눈깨비에 이름까지 또 밟히고,

한때 수십 명을 거느린 무소떼의 십장什長
사람을 그저 믿었던 그 죄가 노숙자라니
뒷골목 선술집에 앉은 새벽 같은 사내 한 장

유턴금지

가슴 한쪽 서러웠던 시절은 직진이었다
철없이 핀 유채꽃처럼 흔들리며 가던 길
좌우를 분간하지 않고 내몰았던 길 위에,

길도 남기며 살아야 길이 되는 것을
속도는 어쩌자고 겁 없이 달렸을까
이제사 유턴금지 앞에 나는 나를 멈춘다

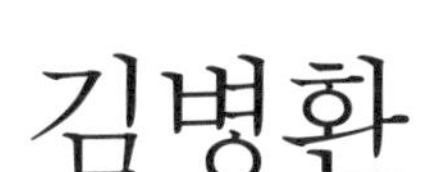

운문시대_21

신작시조

서럽게 우는 저녁

쓰레기 무덤 위에 꽃이 소복 피더니
세월을 겪어 냈다 저무는 계절처럼
불면에 뒤척이다가 하얗게 야위었다

못 본 척 돌아앉아 그림자 엮은 풀씨
산그늘에 주저앉아 갈대로 우는 저녁
죽음을 등에 업고서 북천단길* 가고 있다

* 울주군 언양읍 다개리에서 요도로 가는 길

동행

웃으면 풀려나는 눈썹달 같은 쉰넷

바람에 쓸리어도 서로 다른 너와 나

혼절한 저녁 바람에 목련꽃 흔들린다

게으른 술잔에 넘치도록 취하는 벗

저마다 쟁여둔 그리움의 시 한 수

목련꽃 지는 소리에 한참을 울었다

슬도에서

갯바람 자맥질을 윤슬로 닦은 바다

소금꽃 하얀 포말이 젖 물리는 작은 섬

슬도는 파도에 안겨 칭얼대는 아이 같다

무거2동 우체국

단톡방 문턱 낮춰 까치 발로 다녀갔다

창구마다 대기번호 문자로 남겨놓고

저마다 꼬리표 달고 출발선에 서 있다

봄날의 검색창에 안부도 닫고 열며

소란에도 귀 모으는 무거2동 우체국

피봉에 갇힌 밀담이 문을 열고 내다본다

솔새

– 벼과의 여러해살이풀

가늘은 속눈썹에 바장이는 풀이다

그을린 꽃잎마다 홀 뿌린 씨앗이다

세월에 견주어 봐도 새초롬한 여러해살이

줄기는 매끈하고 입성은 까칠해서

질긴 뿌리로는 그릇 닦는 솔로 썼다

가끔은 물에 달여서 근심까지 다스렸다

국화꽃 시인

붓끝으로 찍어내듯 향기를 시침하는
가을의 끝자락에서 햇살을 줍는 시인
노랗게 익은 불씨에 여심이 흔들린다

마음 내주다가 뼛속까지 물이 드는
젖은 눈의 국화를 차마 어쩌지 못해
시인은 향기의 뒤란에 그늘을 묻는다

낮 달맞이꽃

밀봉된 분홍 수첩 몇 번을 접었을까
품 안에 든 꿈도 재워서 걸어 놓고
가만히 껴안고 싶다 꽃구경 나온 뜰

둥글게 피었다 낮 동안 훔친 사랑
꽃 입속 잠들며 몰래 하는 짝사랑
누군가 보고 갔을까 발자욱 소란하다

그린 플롯

– 개개비노래

저만큼 가고 있는 누군가의 발자욱

그림자 뒤따르며 초록을 노래한다

하루의 젖은 노동을 뿌리로 품는 들녘

한낮의 개망초꽃 실루엣 켜는 민낯

개개비 짝짓기 휘파람 낮은 비행

자유가 충만하구나, 평리는 넓은 가슴

연어가 돌아왔다

물 냄새 맡으며 연어가 돌아왔다

쪽물 든 가랑비, 물이랑 헤치며

자갈길 멀고도 거칠다, 서러운 고향길

드디어 자신이 태어난 곳에서

온 힘을 다해서 황금알을 낳는다

죽어야 다시 산다는 먼 상류의 어머니

카톡방

비트코인 종말론자 숫자로 해독하다

터치 톡 문자로 지금 등록 하세요

설정된 메뉴판에서 댓글 달며 좋아요

모아 모아 알림톡 실시간 켜 주세요

무제한 접속 모드로 세상과 소통한다

검색창 상단 모국어 지면에서 사라졌다

박미자
운 문 시 대 _ 2 1
신 작 시 조

좌우전쟁

고래 등 거북이 등
입맛대로 집을 짓고

집요하고 악착같이
따개비가 사는 방식

저들의 구호를 보라,
다를 게 하나 없는!

번지점프

복잡한 행간들이 한꺼번에 몰려오듯
빽빽한 미결 사항 가슴을 옥죄이듯
갈피를 잡을 수 없어 마음결이 무너질 때

단단히 날 묶어봐 울음도 새지 않게
공중에 날 던져봐 새떼가 부럽잖게
로프에 매달려 보니 그까짓 것 뭐라고

직설 유감

거침없는 말속에서 총알이 날아온다

여미는 내 가슴을 사정없이 관통한다

세치 혀 빠질 때까지 해보자는 저 심보

단풍, 이후

유년의 그 마당은 나지막한 함석지붕
오늘은 빨간 펜션 날름, 혀를 내밀다니
못 본 척 지나치면서 옛 기억을 헤집다

풀 반지 나눠 끼고 강둑을 걷던 날들
맞닿은 어깨 위로 별들은 쏟아졌는데
늦가을 찬바람 속을 누가 먼저 떠났나

삼십 년 수레바퀴 돌아 나와 마주친 너
도지던 그 상처도 어지간히 굳었건만
눈앞에 뜨겁게 타는 이 계절을 어쩌라고

등대 독백

느닷없는 해일에 오는 길 잃었나요

밤새워 두리번대며 당신을 찾습니다

저지른 지난 잘못은 물 그늘로 지울게요

우리를 돌아보다

사람이 놓친 도리
늑대에게 배운다

암컷이 먼저 가면
먹이를 멀리하고

그대로 굶어 죽는다는
지고지순, 그런 사랑

물 뜨러 가는 남자

매일 아침 마주친다 산 오르는 저 남자
시름에 처진 어깨 빈 가방도 무겁게
지천명 넘기자마자 내리막길 처지라는

꽉 막힌 혈관쯤은 시원하게 뚫겠다고
산 중턱 딛고 서서 페트병에 물 채운다
시절이 등을 돌려도 물처럼만 살겠다고

간헐적 휴식

일을 오래 하려고 건강을 챙겼다는
백 세 넘은 명예교수 인터뷰가 걸작이다
정년에
맞춰놓은 액자
덧칠하며 닦으며

누굴 위해 무엇 땜에 이토록 달려가나
시간의 브레이크 잠시 당겨 쉬어보자
놀라운
시너지효과
또 다른 존재 방식

마인강에서

자물쇠로 피어나는
아이젤너 다리 난간

변치말자 묶어둔
둘만의 사랑들이

얼마나 지켜졌을까,
강물에게 물어본다

봄나들이

기억의 파편들이 수면으로 떠오른다
어지럽게 흩날리다 푸석해진 나날들이
거대한 폭풍 가운데 탈출구를 찾는다

일상의 후유증에 면역력은 떨어지고
무거운 길목마다 돌보지 못한 나를
온전히 쉬어보고자 찾아가 본 호스텔

운문시대_21
신작시조

#한강#아령#변사#기초수급자*

네 개의 해시태그로 육십 년 생을 읽네
아령을 손목에 묶고 주인이 침몰할 동안
고시원 끈 잃은 운동화 통곡이 자랐겠다

책상 위 십만 원이 대신 전한 적막 전언
맥락을 짚은 후에야 세상이 겨우 읽네
'청소를 잘 부탁한다' 마지막 하울링까지

* 2024년 7월 30일 MBC 뉴스 (한강 하구에서 팔에 5kg 아령이 묶인 시신이 발견됐다.)

진주귀걸이

오늘은
당신 빽으로
빛날 수 있을까요

한껏 포장한 나를 세상에 내놓아야 할 때

잊었던,
오래 잊었던,
당신을 꺼냅니다

도미노 게임

우리는 지기 위해 서 있는 사람들

자기만 살겠다는 배반이 넘치는 세상

눈 닫고,
귀 닫은 채로,
몸의 반을 내준다

청춘의 속도

아우토반을 질주할
엔진을 장착했지만

방지턱 곳곳이라
과속은 꿈도 못 꾼다

연이은
상습정체구간
도로는,
막혀있다

내부 수리 중

벽지로 위장한 불안을 뜯어냅니다
걱정을 먹고 자라 퉁퉁 불은 내일은
너와 나 한 몸이라며 버티기 시작해요

창문의 궁시렁이 천장에 딱 붙어
열두 개 눈을 달고 방안을 감시해요
눈칫밥 먹고 자라서 결심은 또, 소심해져요

차단된 용기와 접신을 시도해요
끊겼던 교신에 주파수를 맞추고
에워싼 방해꾼 벗어나 시야를 확보해요

범주에 들다
– 시인

하늘의 구두 가게 유리 구두 훔쳐서
열두 시가 되기 전, 마법이 풀리기 전
허공에 구두 한 짝을 걸어두고 내렸네

잘라도 굽이 자라는 지상의 구두 한 짝
구경꾼 떠나버린 숨은 구두 찾기
구름을 헤집는 중이야 이쯤이야 여기, 여기!

이웃사촌 우울 양

그녀의 방문은 예고도 양해도 없다
어느 날은 불을 끈 채 없는 척 연기해도
집안엔 그녀가 심은 눈, 빼곡한 프리패스 존

과묵하던 현관도 어느새 한 편이 돼
속달우편 배달하듯 다급한 호출이다
저 둘은 내통한 관계, 지고 마는 게임이다

옆집 남자 불안 씨

날마다 나를 스캔해 정보를 훔친다
곁눈질만 스쳐도 지레짐작은 자라
전장의 병사들처럼 함성을 질러댄다

쇳물을 두드려 형체 빚는 용광로처럼
나를 두드리는 요란한 망치질 소리
다급한 심장의 타전 음소거가 되었다

화양연화

새봄에 중3이 된 여든셋 춘희 할매

봄날의 꽃놀이 대신 책에서 나비 쫓다

애탄다,
랙 걸린 동영상
제자리만 빙빙 돌아

꽝, 다음 기회에

고대 유물 발견하듯 손끝이 떨고 있다

엄지와 검지만으로 황금을 채굴하다

부푼 꿈,
가루로 날고
십 원 동전만 반짝 반짝

김종렬
깊이 읽기

어머니

찔레꽃 하르르 흩날리는 유월 한낮

저자 간 어머니가 유모차에 끌려오시네

세월은 못 팔았는지 도로 싣고 오시네

반려견인

딸애가 주문한
택배가 도착했다

김당근 씨,
택배물건 현관에 두고 갑니다

어느새
성까지 꿰찬
반려견인
김당근 씨!

난중일기蘭中日記 1

립스틱 짙게 바르고 그녀가 내게 왔다
이름도 촌스러운 산 너머 춘란이가
오늘은 다 제쳐놓고 수작이나 걸까보다

수줍은 자태하며 단아하고 맑은 기품
해원의 미인도가 무색할 지경이다
다소곳 해맑은 미소에 정신줄 놓는 삼월 아침

경칩 무렵

겨울을 나기 위해 집안에 들인 화초
따스한 봄빛 찾아 제자리 내보내다
낮빛이 어둔 몇 녀석에 종일 마음 켕긴다

어쩌면 낡은 누옥이 버겁지 않았을까
햇살도 비껴가는 창 낮은 북향이라
밤하늘 저 많은 별들 보고 싶어 어쨌을까

시가 부끄러운 날

폐지 줍던 할머니가 세상을 떠났단다
좁고 긴 오르막을 밀어줬던 오랜 기억
인사로 건넨 틀니가 백옥처럼 고왔다

사십구재 즈음하여 감사패가 주어졌다
해마다 세모 밑에 읍사무소 찾아와선
돈 봉투 슬쩍 놓고 간 익명의 그분이란다

고향단상

흔적 없이 사라져버린 강 건너 이웃마을
집이란 집 다 헐리고 땅이란 땅 다 깎이고
육중한 기중기들만 위세 등등 서 있다

몇 푼 보상금 챙겨 뿔뿔이 흩어진 삶
날마다 눈에 밟혀 안부가 삼삼한데
강물도 뒤를 훔치며 머뭇머뭇 흐른다

하얀 경전

고향에 눌러산 지 어느덧 십수 년째
파묘며 이장 일이 어쩌다 내 몫이다
유골을 수습할 때마다 마주 하는 하얀 경전

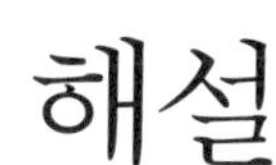

운문시대_21
신작시조

상실의 시대를 앓는 멜랑꼴리의 존재들

임채성(시인)

이탈리아 태생의 세계적인 이론 물리학자 카를로 로벨리(Carlo Rovelli)는 자신의 저서 『시간은 흐르지 않는다(The Order of Time)』에서, "세상은 사물들이 아닌 사건과 과정의 총체"라고 했다. 사건은 우연적 발생에 의한 그 무엇인가로 이루어지며, 그 무엇은 지속되지 않고 계속 변화한다. 변화는 시간을 필요로 하며, 시간은 과정이라는 여정을 낳는다. 따라서 시간은 독립적이지 않고 여러 관계 속에서 존재한다. 시간은 공간과 얽혀 있으며, 공간은 물질과 한 몸이라는 것이다. 지구라는 공간에서 물질의 형태로 살아가는 인간들은 어쩔 수 없이 시간이 짜깁기한 다양한 관계 속에 얽혀 있을 수밖에 없다.

이러한 논지는, 존재는 사건 속에 던져져 있다고 한 하이데

거(Martin Heidegger)의 사상과도 연결된다. 존재는 우연히 생겨나지만 세계와 어떤 관계를 맺느냐에 따라 의미가 부여된다. 인간은 시시각각 변화하는 시간 속에 개별자로서 존재한다.『존재와 시간』을 통해 하이데거가 전하는 메시지는, 우리의 존재 의미는 '시간'이며, 존재 사건이 일어나는 현장이 바로 우리들이라는 것이다. 지금 우리가 사는 이 현장에서 온갖 일들이 일어나고, 소멸하고, 추억된다는 사실이 이를 증명한다.

시인은 시간의 궤도 위에 장미꽃을 피우려고 피를 돌리는 존재라고 누군가 말했다. 그러므로 시인은 언제나 시간 위를 걷는 존재다. 시인의 눈은 현재에서 과거를 들여다보기도 하고, 현재에서 미래를 유추하기도 한다. 그러나, 우리의 삶은 지나간 과거에 있지 않고 다가올 미래에 있지도 않다. 지금 이 순간, 여기서 내가 느끼고 생각하고 체험하는 바로 그것이 삶이기 때문이다. 그래서 시인은 늘 현실과 불화한다. 바깥의 세계와 불화하는 자아는 내부에 자폐적인 절망을 쏟아내기 마련이다. 시인의 언어적 발화가 탄생하는 순간이다.

'현존재'로서 '운문시대' 동인들이 사유하는 존재의 의미도 이러한 시간 속에서 찾을 수 있을 것 같다. 시간의 길 위에 서서 보면 과거, 현재, 미래는 따로 떨어져 있는 것이 아니라 동시적이고 상호 의존적이기 때문이다. '운문시대' 동인들이 스물한 번째로 펴내는 이 앤솔러지는 존재와 시간에 대한 집담록集談錄이라 할 수 있다. 그들은 오늘의 우리가 잃어가는 전

통의 가치와 연대 감각 회복이라는 과제를 위해 각자의 목소리를 담고, 시와 시인의 존재 의미를 되새기며, 시간 속에서 사건과 사물이 서로 얽히고설키는 과정을 탐색한다. 관습적으로 대상을 묘사하던 그동안의 방식에서 벗어나, 표현 도구로서의 언어를 넘어 우울한 현실에서 시(조)는 무엇을 해야 하는가에 대한 질문을 던지며 시대의 목격자이자 참여자로서 시인의 역할을 제고시키고 있는 것이다. 시대와 세대를 아우르는 기억과 해후하며 삶의 이력과 현장의 역사를 곰곰이 되짚는 이러한 시편들에서 과거와 현재가 부딪치고, 이것이 다시 미래로 항진하는 순간을 감각적으로 포착해 낸 그들의 미학적 성취가 돌올하게 다가온다.

누군가 길 떠나고 누군가는 돌아온다

바람 불고 비 오는 일
날 저물고 별 뜨는 일

사는 거
돌아보면 뭐 있나
연속극 같은 거지

머뭇거린 바람마저 홀연히 가 버리고

늑장 부린 시린 낮달
홀로 갈 그 길에서

갓 올린 봉분의 안부
예나 제나
묻고 있네

– 곽종희, 「여시여시如是如是」 전문

곽종희 시인은 이미 과거화가 진행되고 있는 현재적 시간을 조명한다. 그것은 유체화된 시간이며, 변화하는 현상계의 모습이다. 그 속에는 돌고 도는 시간의 순환 앞에서 하릴없이 바라만 볼 수밖에 없는 객체화된 무력한 현존재가 있다. 그 존재가 바라보는 세계는 특별할 것 하나 없는 "연속극 같은 거"다. 지극히 통속적이고, 그래서 어느 정도는 예측 가능한 익숙한 세계다. 그곳에 시적 화자는 외로이 홀로 서 있다. 고독과 외로움이 인간 실존의 실체라는 사실을 독백체로 읊조리고 있는 것이다. 제목으로 쓰인 '여시여시'는 '이러하고 이러하다'는 말의 어간인데, 삶의 보편성과 유한성에 대한 체념과 달관의 표현이리라. 이러한 정서는 "한 번씩 가슴에서//파도 소리 들"(「적막의 계절」)리면 "긴 여백 속// 짧은 시간"(「예순에」) 속에서 "어금니 부서지게// 고독이나 씹"(「시인의 변辯」)으며, "수 만겁/ 울음의 지층/ 허물수록 쌓"(「채석강에서」)게 만드[illegible] 친숙한 존재들이 하나둘 사라져가고 있는 상실의 시대를 맞아 공간적·시간적 유폐 상황에 놓인 현대인의 우울을 절절히 보여주고 있는 것이다. 그러나 한편으로는 "삐걱대는 골목 상권 왁자하길 기대하며/ 반갑게 거는 입춘첩/ 입새마다 환하다"(「첫」)며 새로운 미래로의 꿈 또한 접지 않는다. 실존, 즉 살아있음의 증거이다.

영남 알프스로 둘러싸인 마을 중심에
우뚝 솟은 아파트가 내가 사는 곳인데
겨울에 비가 내리면 먼 산은 설국이지요

요란한 바람에도 곤한 잠에 빠지면
겨울 동물처럼 너무너무 편안해요
저녁이 노을을 펴서 온기로 머물 때까지

부엌에서 바라보는 수필 같은 건넛마을
납작한 지붕들이 고향처럼 정겨워요
그 뒤로 구름을 따라 마실 나온 눈썹달도

도시를 떠나와서 축복처럼 누리는
소소한 이 여유가 과분한 사치일까요
아니면 시의 뒷맛 같은 뭉클한 행복일까요

– 김효이, 「상북면 겨울」 전문

하이데거는 언어를 가리켜 '존재의 집'이라고 했다. 언어는 단지 소통의 수단이 아니라 개인뿐만 아니라 집단의 의식과 사상을 만들고 전달하는 그릇이 된다. 존재가 언어를 통해서 드러나기 때문에 언어와 삶은 분리할 수 없다. 이는 곧 현대인이 언어를 통해 자기 존재의 고향을 확보하고 주체적으로 살아갈 수 있다는 말이다. 여기서의 언어는 객관적이고 측량 가능한 '과학적 언어'가 아닌 주관적 경험의 세계, 즉 '시적 언어'를 의미한다. 시인의 언어가 곧 시인의 삶이라고 할 수 있는 이유가 여기에 있다. 한편, 가스통 바슐라르는 『공간의 시학(La poetique de l'espace)』에서 기억을 생생하게 하는 것은 시간이 아니라 공간이라고 했다. 오래 머무르며 지속해서 경험한 공간 속에 시간을 압축해 기억으로 간직하기 때문에 집이라는 이미지의 존재를 인간의 존재와 동일시한 것이다.

이러한 관점에서 김효이 시인이 표상하고 있는 존재의 집도 언어이며, 그 언어를 통해서 존재자의 집 또한 형상화되고 있다. 영남 알프스는 가지산(1,241m)을 중심으로 간월산, 신불산, 영축산 등 해발 1,000m 이상의 산들이 수려한 산세와 풍광을 자랑하며 유럽의 알프스와 견줄만하다 하여 붙여진 이름이다. 바로 거기 "영남 알프스로 둘러싸인 마을 중심에/ 우뚝 솟은 아파트"가 시인의 거처이다. 그곳은 "먼 산은 설국"이 되며, "수필 같은 건넛마을"이 부엌에서 바라보이기도 한다. "납작한 지붕들"과 "구름을 따라 마실 나온 눈썹달"이 "고향처럼 정겨"운 곳에서의 여유는 "빠르게 돌아가는 세상/ 반 박자 쉬어 가자고"(「이사」) "도시를 떠나와서 축복처럼 누리는" '사치'이자 '행복'이다. 건축물로서의 하우스(house)와 가족의 생활공간을 의미하는 홈(home)이 결합된 '집'은 우리의 생각과 추억, 꿈을 하나로 통합하는 힘이 있다. 이 통합을 연결하는 원리는 시적 상상력이고, 이를 통해 시인의 '집' 또한 안정감과 소소한 여유를 일상으로 누리게 해줌으로써 현실 세계와 피안 세계 연결자로서 기능하게 만든다. 그러므로, "눈 내린 겨울밤에도/ 초록 꿈, 꾸게"(「에메랄드그린-당신」) 하는 유토피아가 시인이 꿈꾸는 집의 의미일 것이다.

사무치게 그립다, 고향에서 듣던 비

안개비, 이슬비, 보슬비, 가랑비…

가슴에 댓잎을 치듯 후둑이던 장대비

풀죽은 채소처럼 우산도 없이

객지 골목을 추적추적 걷다가

대폿집 구석에 앉아 구겨지면서 운다

고양이 걸음으로 파리를 쫓거나

사자의 포효로 마을을 할퀴거나

생기를 수혈해주던 빗소리 듣고 싶어

– 신춘희, 「울며 쓰는 에세이」 전문

수구초심(首丘初心)이란 말을 들먹이지 않더라도 시인에게 있어서의 고향은 매우 각별하다. 시 정신의 바탕을 다지게 해준 자양분이자 영감의 원천으로 작용하기 때문이다. 시인에게 고향은 늘 의식 깊은 곳에 자리 잡고 있다가 창작의 순간순간마다 발현하여 주제와 이미지를 이끌어 가는 동력이 된다. 그로 인해 시인들의 시 속에는 자신의 오늘을 있게 해준 고향에 대한 자의식이 시로 형상화되어 나타나는 것을 자주 볼 수 있다. 신춘희 시인이 반추하는 고향의 이미지는 '빗소리'로 형상화된다. "고향에서 듣던 비"가 "사무치게 그리"운 것은 객지에서 맞는 비와 고향의 비가 다르게 느껴지기 때문이다. 고향의 '비'는 화자에게 "생기를 수혈해주"지만, 객지의 비는 "풀죽은 채소처럼" "대폿집 구석에 앉아 구겨지면서" 울게 만들 뿐이다. 비로 형상화된 이러한 물의 이미지는 시인의 무의식에 잠재된 모태회귀 본능이라 할 수 있다. 고향은 누구에게나 어머니의 품속처럼 따뜻하고 아늑한 느낌으로 다가온다. 우리가 살아가며 어머니와 맺는 관계의 양상은 다를지라도, 그 어떤 존재보다 어머니라는 존재에 대해 갖는 느낌이 더욱 특별한 것은 누구나 마찬가지일 것이다. 인간의 안태본은 어머니의 자궁 속 양수이므로 결국 물은 생명의 근원이다. 언젠가는 물로 다시 회귀하리라는 인식, '인간에게는 모태회귀 본능이 잠재하고 있다'는 프로이트(Sigmund Freud)의 주장과도 일치하는 것이다. 그래서 시인은 늘 '물음표(?)의 허리를 펴서 느낌표(!)로 바뀌는 세상'(「진심이니까」)을 꿈꾸고 있는지도 모른다.

유년의 그 마당은 나지막한 함석지붕
오늘은 빨간 펜션 날름, 혀를 내밀다니
못 본 척 지나치면서 옛 기억을 헤집다

풀 반지 나눠 끼고 강둑을 걷던 날들
맞닿은 어깨 위로 별들은 쏟아졌는데
늦가을 찬바람 속을 누가 먼저 떠났나

삼십 년 수레바퀴 돌아 나와 마주친 너
도지던 그 상처도 어지간히 굳었건만
눈앞에 뜨겁게 타는 이 계절을 어쩌라고

– 박미자, 「단풍, 이후」 전문

고향 회귀 의식의 바탕에는 노스탤지어(nostalgia)라는 보편적 정서가 깔려 있다. 노스탤지어는 과거의 시공간과 정서적 유대감을 되찾고자 하는 마음에서 발원한다. 이러한 마음은 고향과 유년기에 대한 반추와 그리움, 낯설고 고단한 현실에서 느끼는 비애와 우울, 잃어버린 시간을 향한 낭만적 회고 따위로 표출된다. 그것은 돌아갈 수 없어도 포기할 수 없다는 간절함과, 체념과 포기라는 절망적 상황에서도 떼어버릴 수 없는 애착의 정서이기도 하다. 박미자 시인 또한 노스탤지어에 기대어 '유년기의 삶'이 녹아 있는 "나지막한 함석지붕"을 응시한다. 하지만 지금 그곳에는 "빨간 펜션"이 들어서 있다. "풀 반지 나눠 끼고 강둑을 걷던" 사람들은 보이지 않는다. "삼십 년 수레바퀴 돌아 나"온 그곳에는 "뜨겁게 타는" 계절만이 있을 뿐이다. 고향을 떠났던 30년 전의 그 가을은 다시 돌아왔는데, 사람은 돌아오지 않는다는 비애는, 시간은 순환해도 물질은 순환하지 않는다는 것에 대한 깨달음이다. 이러한 멜랑꼴리의 정서는 도시인들의 내면에 똬리 틀고 있는 자연에 대한 회귀 본능이라고도 할 수 있다. 제목에 쓰인 '단풍'은 이러한 자연에의 투사이다. 고향과 자연을 갈구하는 화자의 마음은 감정의 퇴행이 아니라 우리 내면에 뿌리박힌 근원적인 욕망이자 현실과의 불화로부터 도피하려는 심리와도 맞닿아 있다.

한편, 이번 앤솔러지에서 특히 주목되는 박미자 시인의 시편은 오늘날의 현실을 직시하는 날 선 현실 인식과 예리한 풍자가 돋보이는 '정치시'다. "다를 게 하나 없는" '구호'를 외치는 저들(「좌우전쟁」)을 보는 사람들의 가슴에는 또 다른 형상의 우울이 차오른다. 가을의 분위기를 더욱 을씨년스럽고 멜랑꼴리하게 만드는 것이다. "시절이 등을 돌려도 물처럼만 살겠다"는(「물 뜨러 가는 남자」) 마음을 이해할 수 있을 것 같다.

과다 복용한 도시가 가끔 나를 떠난다
다본 를나 이물눈 온나 을속잠 전 금방
못 갖춘 노래 마디가 미완의 나를 삼킨다

복사기에 걸린 얼굴이 자꾸 나를 본다
다이것 될기폐 제이 는서고보 의결미
후렴이 없는 사내가 다리 위를, 서성인다

– 손상철, 「지금은, 우울증」 전문

그녀의 방문은 예고도 양해도 없다
어느 날은 불을 끈 채 없는 척 연기해도
집안엔 그녀가 심은 눈, 빼곡한 프리패스 존

과묵하던 현관도 어느새 한 편이 돼
속달우편 배달하듯 다급한 호출이다
저 눌은 내통한 관계, 지고 마는 게임이다

– 김종연, 「이웃사촌 우울 양」 전문

상실과 부재의 비애에서 비롯된 시대적 우울감은 같은 곳을 바라보는 동류 시인들에게 있어 더욱 전염성이 강하다. 손상철 시인과 김종연 시인 또한 이러한 멜랑꼴리를 시의 자양분으로 삼고 있는 것을 보면 더욱 확연해진다. 손상철 시인은 대놓고 “지금은, 우울증”이라고 공언한다. 자신에게서 멀어지는 “과다 복용한 도시”의 알레고리는 대단히 다의적이다. 인구과밀에 따른 과체중의 욕망일 수도 있고, 물질만능과 소비지향에 빠진 세태일 수도 있다. 그것이 무엇이든 화자와는 궁합이 맞지 않다. 각 수의 중장 어순을 거꾸로 뒤집어놓은 것을 볼 때, 도시가 진행하는 방향과 화자가 나아가고자 하는 방향이 정반대라는 것을 알 수 있다. 모든 것이 흘러넘치는 과욕의 도시에서 ‘미완의 나’는 “못 갖춘 노래 마디”와도 같다. “복사기에 걸린 얼굴”은 남들처럼 살아보려 하지만 그것조차 어려운 ‘나의 페르소나’다. ‘미결의 보고서’가 폐기되듯 ‘후렴이 없는 사내’도 곧 사라질 존재이다. 불편부당한 현실과 불안하고 어두운 미래에 대한 두려움 때문에 다리 위를 서성일 수밖에 없는 존재들에 대한 섬뜩한 예감이 현실에서는 부디 빗나가기를 바랄 뿐이다.

현실 속 자아와 페르소나의 충돌은 김종연 시인에게서도 발현된다. “예고도 양해도 없”이 찾아오는 ‘우울 양’의 방문이 몹시도 꺼리는 일이지만 그것을 막을 힘이 화자에겐 없다. “어느새 한 편이 돼” 버린 ‘현관’ 때문이기도 하다. 아무리 막으려고 발버둥쳐도 막을 수 없는 우울감의 원인이 무엇인지는 알 수 없다. 하지만, 그것을 단순히 개인의 문제라고 치부해 버릴 수는 없다. 박미자 시인이 포착한 정치의 문제일 수도 있고, 손상철 시인이 은유하는 사회적 문제일 수도 있기 때문이다. "모든 자살은 사회적 타살"이라고 했던 프랑스 사회학자 에밀 뒤르켐((David-Émile Durkheim)의 말을 빌리지 않더라도, 시인의 우울은 개인적 차원을 넘어 국가와 사회에 대한 깊은 관심과 사유를 담는 확장성을 내포하고 있다. "네 개의 해시태그로 육십 년 생을 읽"는(「#한강#아령#변사#기초수급자」) 시인의 또 다른 작품은, 그가 1차원적인 자신의 감정을 토로하는 것이 아니라, 시대의 변화 속에서 국가의 비전과 국민의 이상 실현을 위해 사유하는 존재라는 사실을 암유한다. 이러한 개인 서정의 사회적 서정화는 시인의 사회적 책임감을 되새기는 거울이 되고 있다.

쓰레기 무덤 위에 꽃이 소복 피더니
세월을 겪어 냈다 저무는 계절처럼
불면에 뒤척이다가 하얗게 야위었다

못 본 척 돌아앉아 그림자 엮은 풀씨
산그늘에 주저앉아 갈대로 우는 저녁
죽음을 등에 업고서 북천단길 가고 있다

– 김병환, 「서럽게 우는 저녁」 전문

인간은 태엽을 감아줘야 걸어가는 인형이 아니다. 떨림과 설렘, 미열의 혼란 속에서 영혼을 꿰뚫는 열정의 순간을 느끼며 사유하는 36.5℃의 온기를 지닌 유기체이다. 이를 대변하듯 김병환 시인은 삶의 고단함과 고독을 품고 있는 목소리를 통해 시간의 흐름 속에서 변해버린 것들과 사라져가는 것들에 대한 아쉬움을 표현한다. 용도 폐기된 "쓰레기 무덤 위에 꽃이 소복 피"었지만 그것은 결국 "하얗게 야위"고 말 운명이다. 그러나, 꽃은 그냥 스러지는 것이 아니라 '풀씨'를 잉태하고 있다. 자신의 DNA를 후대에 물려줌으로써 존재는 소멸하지만 존재에 대한 기억은 영원히 남겨놓는 것이다. 유한한 생에 대한 아쉬움과 언젠가는 사그라질 자신의 운명을 받아들이려는 이중적인 감정은 화자를 '흔들리는 갈대'로 만든다. 이러한 시적 이미지는 유한성의 균열을 무한성의 개방으로 돌려놓으며, 그 상실의 공백을 충일한 슬픔으로 승화시키는 매개물이 된다. 그러나 그 슬픔이 그리 서럽지 않고 '따스하고 명징한 위로'로 다가오고 있으니, 화자의 슬픔은 관조자로 바라보는 생의 여백 같은 것이라 할 만하다. 그래서 시인은 "게으른 술잔에 넘치도록 취하는 벗"과 함께 "목련꽃 지는 소리에 한참을 울"(「동행」) 수 있는 것이다.

*　　*　　*

이상에서 일별한 바와 같이 '운문시대' 동인들은 현실과 불화하는 자아를 중심으로 고향, 가족, 이웃과의 관계를 통해 삶의 의미를 탐구하며, 치유와 자기갱신을 이루려고 한다. 특히 유년의 기억과 고향에 대한 회고를 잔잔하게 풀어내며, 시간의 흐름 속에서 변해버린 것들과 사라져버린 것들에 대한 아쉬움을 토로한다. 이는 삶의 불가피한 변화와 상실을 인정하면서 자신만의 자리를 찾아가는 현존재의 여정이기도 하다. 하지만 이것이 '운문시대'의 전부라고 할 수는 없다. 스물한 번을 이어온 그 도저한 여정에는 적지 않은 시의 변곡점이 있었을 것이기 때문이다. 동인들에게는 또 하나의 역사가 될 이 앤솔러지는 우리에게 삶의 가치와 기억의 순환을 되새기게 하며, 공감과 위로의 장을 펼치고 있다. 고유한 서정성과 더불어 '시조'로써 더 나은 현실을 갈망하는 현존재들의 굳건한 의지는 현실에 발 디딘 시의 소리에 목말라하는 독자들의 갈증을 해소해 줄 감로수가 되어줄 것이라 믿는다.

운문시대 21
화양연화

지은이 | 운문시대
펴낸이 | 유정융
펴낸곳 | 주식회사 동학사

1판 1쇄 · 2025년 6월 20일
출판등록 · 1987년 11월 27일 제10-149

주소 · 04083 서울 마포구 토정로 53 (합정동)
전화 · 324-6130, 324-6131 | 팩스 · 324-6135
E-메일 | dhsbook@hanmail.net
홈페이지 | www.donghaksa.co.kr
www.green-home.co.kr

ISBN 978-89-7190-908-9 03810

※ 이 책은 울산광역시 보조금을 받아 발간하였습니다.